［図説］
新規事業の座礁とリスタート

水島温夫 mizushima atsuo

4つの視点／50のチェックリスト

言視舎

目次

はじめに……………………………………………………………………………………………4

A.「顧客価値」視点　ほんとうに、選ばれるだろうか？

01　なぜ顧客は他社でなく当社から買ってくれるのか？………………………………6
02　戦う土俵としての「顧客から見た価値」ゾーンが明確か？………………………7
03　世界初型（F1）：オンリーワンで選ばれているか？………………………………8
04　匠型（F2）：中身の差で選ばれているか？…………………………………………9
05　ソリューション型（F3）：問題解決力の差で選ばれているか？…………………10
06　汎用品型（F4）：安さ、便利さ、安心の差で選ばれているか？…………………11
07　ベストパートナー型（F5）：貴社ファーストが認められて選ばれているか？…12
08　こだわり型（F6）：ブランドで顧客の右脳に訴求できるか？……………………13
09　「顧客から見た価値」の幕の内弁当になっていないか？…………………………14
10　競合他社はどのプラットフォームを選択集中しているのか？……………………15
11　「顧客から見た価値」の旗印を共有しているか？…………………………………16
　　「顧客価値」視点　まとめ……………………………………………………………17

B.「事業性」視点　ほんとうに、まちがいなく儲かるだろうか？

12　つくれるか、売れるか、儲かるか？…………………………………………………20
13　「十分条件」発想をしているか？……………………………………………………21
14　事業の必要条件ばかりを羅列していないか？………………………………………22
15　ブレないゴールを設定しているか？…………………………………………………23
16　「顧客価値」視点と「事業性」視点を重ね合わせているか？……………………24
17　グローバルでオンリーワンを実現できるか？（F1）………………………………25
18　グローバルで実質的業界標準をとれるか？（F2）…………………………………26
19　先取りソリューション提案をイージーオーダー方式に徹しているか？（F3）…27
20　安さ、便利さ、安心のいずれかで突出したビジネスモデルがつくれるか？（F4）…28
21　世界をリードする企業のベストパートナーとなれるか？（F5）…………………29
22　そのカテゴリーでトップ・ブランドをつくれるか？（F6）………………………30
23　市場シェア目標を見誤っていないか？………………………………………………31
24　"動き"先にありきの新規事業開発ができているか？………………………………32
25　チームの昆虫化ができているか？……………………………………………………33
26　ゴールに至るルートが見えているか？………………………………………………34

| 27 | 事業性を"胆識"化できているか？ | 35 |

「事業性」視点　まとめ……36

C.「グローバル」視点　ほんとうに、海外企業に勝てるだろうか？

28	自社の得意な繁殖領域を認識しているか？	38
29	大型システム構築力で勝負できるか？	39
30	高級ブランドで勝負できるか？	40
31	規模で勝負できるか？	41
32	進化・変化のスピードで勝負できるか？	42
33	北部戦線で勝てるか？	43
34	西部戦線で勝てるか？	44
35	南部戦線で勝てるか？	45
36	三重苦であることを前提としているか？	46
37	攻撃型新規事業開発をしているか？	47
38	日の丸ルートを考えているか？	48

「グローバル」視点　まとめ……49

D.「事業カルチャー」視点　ほんとうに、いまのやり方で行けるか？

39	擦り合せカルチャーと組合せカルチャーの違いを認識しているか？	52
40	繁殖領域のカルチャー・ギャップを克服できるか？	53
41	「ニ」族企業であることを自覚しているか？	54
42	地続き性をチェックしているか？	55
43	同質事業展開と異質事業展開に混乱はないか？	56
44	巨大な事業カルチャーの壁を越えられるか？	57
45	社内外との連携、外部経営資源の取り込みは十分か？	58
46	事業部主導なのか本社主導なのか？	59
47	自力展開か他力展開か？	60
48	マイナー合弁を活用しているか？	61
49	今すぐ立ち上げられる新規事業を見落としていないか？	62
50	ガラパゴスになっていないか？	63

「事業カルチャー」視点　まとめ……64

はじめに

❶ 何とかデスバレーは越えたものの、
弱肉強食のダーウィンの海で座礁している！
どうリスタート（再起動）するのか？

❷ ダーウィンの海で生き残りを賭けて
新規事業を進化させる４つの視点

なぜ、思うように展開しないのか？
ほんとうに、いまのやり方で行けるのか？

D：「事業カルチャー」視点

なぜ、他社でなく当社から買うのか？
ほんとうに、選ばれるだろうか？

A：「顧客価値」視点

C：「グローバル」視点

なぜ、海外の競合会社のほうが元気なのか？
ほんとうに、海外企業に勝てるのだろうか？

B：「事業性」視点

事業として成立する条件を満たしているだろうか？
ほんとうに、まちがいなく儲かるのだろうか？

「顧客価値」視点
なぜ、他社でなく当社から買うのか?
ほんとうに、選ばれるだろうか?

- 01 なぜ顧客は他社でなく当社から買ってくれるのか?
- 02 戦う土俵としての「顧客から見た価値」ゾーンが明確か?
- 03 世界初型(F1):オンリーワンで選ばれているか?
- 04 匠型(F2):中身の差で選ばれているか?
- 05 ソリューション型(F3):問題解決力の差で選ばれているか?
- 06 汎用品型(F4):安さ、便利さ、安心の差で選ばれているか?
- 07 ベストパートナー型(F5):貴社ファーストが認められて選ばれているか?
- 08 こだわり型(F6):ブランドで顧客の右脳に訴求できるか?
- 09 「顧客から見た価値」の幕の内弁当になっていないか?
- 10 競合他社はどのプラットフォームを選択集中しているのか?
- 11 「顧客から見た価値」の旗印を共有しているか?

「顧客価値」視点　まとめ

01 なぜ顧客は他社でなく当社から買ってくれるのか？

事業の定義

最もシンプルな事業の定義は米国経営学者のエイベルが提唱しているCFTである。単純な定義で分かりやすい。

エイベル（米国経営学者）による事業の定義

C：Customer（顧客）
F：Function（機能、「顧客から見た価値」）
T：Technology（技術ノウハウ）

☐ 高収益事業はFが明確……世界共通
☐ F（機能）は、「なぜ、顧客は他社でなく当社から買うのか？」の答えであり、勝ち残るための条件

No.1かNo.2でなければダーウインの海で生き残れない。そのためには顧客に他社ではなく自社が選ばれなければならない。世界で、そして厳しいダーウインの海で生き残っている事業はすべてF（顧客から見た価値）が明確である。

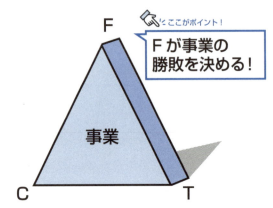

Fが事業の勝敗を決める！

事業展開には3枚の切り札がある

優秀な経営者はC、F、Tという3枚のカードの中で、Fカードを一番上にして事業の選択と集中を進めている

顧客のニーズと技術シーズのマッチングは当たり前。それだけではビジネスとして成立しない。

自社製品・サービスを「顧客から見た価値」で整理してみる

シーズとニーズをドッキングさせることはどの企業もやる当たり前のことで、これからの勝敗は自社の製品・サービスが顧客に選ばれることが全てに優先する。

つまり、「顧客はなぜ他社ではなく当社の製品・サービスを買うのか」というF一点に絞られることになったのである。

✔ セルフチェック

CFTの三角形を描いているか？

☐ 顧客（C：Customer）が明確か？　漠然としていないか？

☐ その顧客にどのような「顧客から見た価値」（F：Function）を提供しているか？

☐ その、価値を実現するキーとなる技術・ノウハウ（T：Technology）は大丈夫か？

02 戦う土俵としての「顧客から見た価値」ゾーンが明確か？

顧客視点の事業展開

顧客視点で整理すると、
戦う土俵としてのプラットフォームは
6種類しかない！

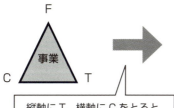

縦軸にT、横軸にCをとると
Fは大きく6つの勝ちパターンに分類される

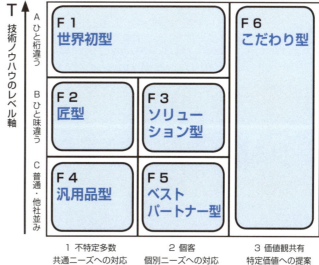

<戦略ビジネスプラットフォーム>

- F1 世界初型
- F6 こだわり型
- F2 匠型
- F3 ソリューション型
- F4 汎用品型
- F5 ベストパートナー型

縦軸：技術ノウハウのレベル軸
- A ひと桁違う
- B ひと味違う
- C 普通・他社並み

横軸：顧客軸 C
- 1 不特定多数 共通ニーズへの対応
- 2 個客 個別ニーズへの対応
- 3 価値観共有 特定価値への提案

高収益企業はプラットフォームの選択と集中を実行している

戦略ビジネス・プラットフォームの選択と集中こそが優良企業の条件と言える

自社の技術ノウハウのレベルを
A：他社とは一桁違うほどダントツに高いレベル
B：他社より一味違うレベル
C：他社並みレベル
の3段階に大きく分ける

＋

顧客を
1. 不特定多数（顔の見えない客）
2. 個別に対応する個客（顔の見える客）
3. 価値観を共有する客
の3つに分ける

✓セルフチェック

事業を戦略ビジネスプラットフォーム上にポジショニングしているか？

□ 自分はどのプラットフォームで頑張ろうとしているのだろうか？

□ ポジションが漠然としていないだろうか？　複数のプラットフォームに拡散していないだろうか？

□ 競合他社はどのプラットフォームで戦っているのだろうか？

□ 同じプラットフォームで元気な企業はどの企業だろうか？

03 世界初型（F1）：オンリーワンで選ばれているか？

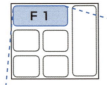

一桁違う技術・ノウハウを持って、不特定多数または個客に対して、今までにない製品・サービスを提供しつづける事業である。

・常に世界初狙いに絞り込んでいる
・ダントツの技術力がある
・オンリーワン型製品に限る
・じっくり市場創造し、自社製品が普通名詞化している

F1 世界初型

世界初、オンリーワン
他に選択肢がないから買う

オンリーワン！

大塚製薬はファイブミニ、カロリーメイト、ソイジョイなど、今まで市場に存在しない新カテゴリーの製品で市場創造している。
普通の事業であれば3年程度で事業が立ち上がらなければ撤退するが、大塚製薬では5年、10年かけてオンリーワンの市場をつくっている

グーグルは今までにない全く新しいITサービスを考え、オンリーワン型でサービスを提供している

浜松ホトニクスは、ノーベル賞を下支えしたように世界初の光電管のような、ダントツの技術、製品に限定してビジネスを展開している。規模は追わない

世界初型の事業はごく限られている。一般の企業のビジネスとしては例外的である。かなり個性的な経営者がトップダウンでブレることなく進めないと成功しない

✔ セルフチェック

世界初型で顧客に選んでもらえるのか？

☐ 圧倒的に強い、他社を寄せ付けないダントツの技術があるだろうか？

☐ オンリーワンの製品、サービスを継続的に開発できるだろうか？

☐ 他社の後追いをせず常に、世界初、オンリーワン製品・サービスのみに絞り込む覚悟があるだろうか？

04 匠型（F2）：中身の差で選ばれているか？

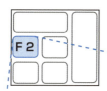

特定の製品・サービス分野において、不特定多数の顧客に対し、他社とは一味違う製品・サービスで勝負する事業である

・差別化された製品・サービス
・機能・性能の中身で勝負
・業界標準をとる
・ニッチトップ型

F2 匠型

中身が他社とは一味違うから買う

村田製作所は高機能セラミックコンデンサーの分野では世界トップ

インテルはパソコンのCPUで業界標準となっている。インテル・インサイドと言われ、その事業展開はデバイス事業のお手本とされている

米国スリーエム社は、多様な市場分野で5万種類以上の製品を製造している。そのすべての製品がグローバルでニッチトップか、それを目指している。新製品開発では世界のお手本とされている

日本電産は精密小型モータの分野でトップシェア。その経営手法が適用できる精密部品分野ではM&Aにより積極的に展開していることで知られている。匠プラットフォームで事業増殖をしている

匠型のビジネスで世界に存在感を示している日本企業は多い。黒子的なB2B事業が多いが、たえざる製品開発、技術開発によって世界でのトップレベルを維持している

✓セルフチェック

本当に中身が他社とは差別化されているのか？

☐ 顧客から見て、競合他社との機能・性能においての差別化が明確だろうか？ 顧客に伝わっているだろうか？

☐ 機能品、高付加価値製品と社内では位置付けられているが、実際は差別性の乏しい他社並み品、他社並みサービスではないか？

☐ 次に開発すべきそして、差別化された製品・サービスが見えている？

05 ソリューション型（F3）：問題解決力の差で選ばれているか？

個別の顧客（個客）に一味違う問題解決を製品、サービスあるいはシステムのかたちで提供するのがその基本で、顧客業界を熟知していることが求められる事業である

・提案の質と量とスピードが勝負
・顧客業界を顧客以上に熟知
・提案内容のメニュー化、モジュール化が必須

F3 ソリューション型

他社以上に提案と
問題解決をしてくれるから買う

キーエンスはセンサーとその応用技術を核に、顧客の目的にあったセンサーシステムを問題解決（ソリューション）して提供している。
顧客は、自社の抱える悩みを解決してくれるという付加価値により、他社ではなくキーエンスから買うわけである

IBMのビジネス・ソリューション事業が挙げられる。汎用型のパソコン事業を売却し、儲けの源泉をビジネス・ソリューション一本に絞っている

ソリューション型ではしっかり顧客業界に入り込み、「顧客業界を顧客以上に熟知」すること、さらに、できるだけ効率よく共通モジュールを組み合わせること、そして同じソリューション内容でのリピートオーダーを重ねることである

✓ セルフチェック

ほんとうに、ソリューションで顧客に選ばれているか？

☐ 顧客業界や顧客の多様な課題を他社以上に熟知しているだろうか？

☐ 提案の数と質は他社以上だろうか？

☐ 提案のスピードは他社以上だろうか？

☐ 組織として提案の中身を共有化、メニュー化しているか？

06 汎用品型（F4）：安さ、便利さ、安心の差で選ばれているか？

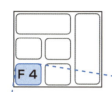

不特定多数の顧客を対象に、中身が差別化されていない製品・サービスを提供する事業である。参入企業も多く、厳しい価格競争に迫られることもある。

・安い、便利、安心のいずれかで勝負
・差別化されていない製品・サービスから利益を汲み上げるビジネスモデルが必要

F4 汎用品型

安い、便利、安心
だから買う

便利！

デル・コンピュータはパソコンが汎用化した時点で、低価格を基本戦略にして大きく事業展開をして成功した。低価格で顧客にパソコンを提供するデルモデルなど、独特の「安く提供できるしくみ」を構築した

明治乳業は日本で培った「安全・安心のミルクを提供します」という、食の安全の仕組みをアジア向けに構築して大きく事業展開した

アスクルは、文具業界でコクヨが独走する中で、新たに"明日届けます"という独特の「便利に提供できるしくみ」を構築した。アマゾンなどネット販売ビジネスも利便性の競争をしている

「安い」、「便利」、「安心」かのいずれかに突出していなければ決して生き残れることはない

✔セルフチェック

差別化されていない製品・サービスからいかにして利益をくみ上げるか？

□「安い」「便利」「安心」のどれを突出させようとしているのか？

□それを実現するためのビジネスのしくみ、ビジネスモデルは明確だろうか？

□売り上げ規模、または顧客密度の勝負になるが大丈夫だろうか？

07 ベストパートナー型(F5)：貴社ファーストが認められて選ばれているか？

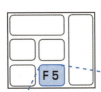

ある特定の個客に密着して優先順位No.1の対応、あるいは運命共同体として短期的な利害を超えた関係で対応するビジネスの形態である。日本経済が拡大期にあった頃は非常に多くの企業がこの勝パターンで成長した。

・特定顧客との運命共同体
・絶対の信頼関係構築
・グローバルでのリーダー企業をパートナーにする

F5 ベストパートナー型

絶対的信頼関係が
構築されているから買う

JSRは世界をリードするタイヤメーカーのブリヂストンに合成ゴム原料をベストパートナーとして提供している

東レはユニクロのベストパートナーとして、新たなアパレル素材の開発と提供を行なっている

デンソーはトヨタグループの一員であり、世界の乗用車のリーダー企業の一つであるトヨタ自動車のベストパートナーとして自動車部品を提供しつづけている。

ベストパートナーの意味は、単なる大口ユーザーではない。顧客との絶対的な信頼関係をつくりあげ、その顧客ファーストを徹底させること

✓ セルフチェック

本当のベストパートナーになれているか？

☐ 大口顧客との間に運命共同体的な関係を築けているだろうか？

☐ 相手から見ればワン・オブ・ゼムの一方通行の片思いの関係に陥っていないか？

☐ グローバルレベルで規模、または技術でトップクラスの企業のベストパートナーになっているだろうか？

08 こだわり型（F6）：ブランドで顧客の右脳に訴求できるか？

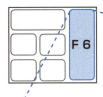

自社の価値観やこだわりを前面に出した製品・サービスを、それに共鳴する顧客に限って提供するビジネスである。ハイタッチな感覚、音といった感性に訴えるものが決め手となるビジネスでもある

・企業側の価値観を前面に出す
・量、数を追わない
・ブランド・アイデンティティの確立と発信
・感性に訴える（右脳型ビジネス）

F6 こだわり型
同じ価値観、共感するから買う

BMWはドイツの高級乗用車メーカー。そのデザイン性を好むユーザーに人気で、日本にもファンは多い。意匠デザインが一貫しており、それを変えることはない

ジーマチックはドイツのシステムキッチンメーカー。ジーマチックのシステムキッチンがはいっていれば高級マンションといわれるほどのブランド力

スウォッチはスイスの時計メーカーグループ。ラド、オメガなどの高級ブランドを有する。1970年代には日本の時計メーカーに押されたが、ブランドを磨き現在では再び「時計と言えばスイス」を復活させている

ヴィトンは、フランスの高級世界ブランド。一時は日本市場でヴィトンの売り上げの過半数を達成していたこともある。ユーザーの感性に訴えるビジネス

こだわり型は、他の5つの型が顧客の左脳、つまり理性的で、ロジカルな判断のもとに選ばれるのに対し、右脳、つまり感性、価値観、好き嫌い等を基準に選ばれるビジネスである。
自社がこだわる価値観、感性や主張にブランドというレッテルを貼って明確に差別化することがポイントとなる

✓セルフチェック

顧客の右脳に訴求できているか？

☐ 尖がった主張で、規模を追わず、シェアを10％以下に抑えることを考えているか？

☐ 単に知名度を追うだけでなく、個性の中身づくりとそれを発信するブランドづくりをしているか？

☐ ブランドアイデンティティを継続的に、変えずに、しかし進化させられるか？

09 「顧客から見た価値」の幕の内弁当になっていないか？

「顧客から見た価値」の選択と集中が必須である

座礁している事業は「顧客から見た価値」、
つまり戦略ビジネスプラットフォームが拡散している。

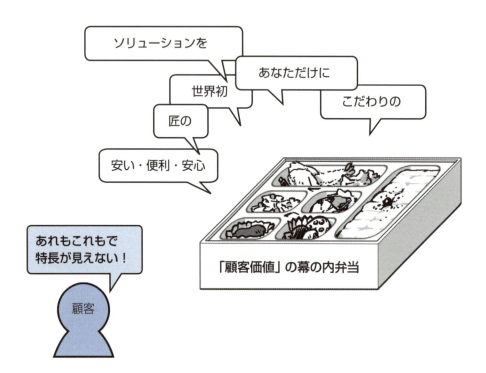

✓ セルフチェック

「顧客から見た価値」の優先順位は？

☐ どのプラットフォームを最優先して頑張ろうとしているのだろうか？

☐ あれも、これもで「顧客価値」の幕の内弁当になっていないだろうか？

☐ １つのプラットフォームに集約できないだろうか？

☐ 既存事業の「顧客価値」との関係は？

競合他社はどのプラットフォームを選択集中しているのか？

強力なコンペチターは
戦略ビジネスプラットフォームの選択と集中を行なっている

自社として、どこを選択・集中するかを決めるには、
コンペチター達の戦略を知らなければならない
ポジショニングすることで、コンペチターの戦略がさらによく見えてくる

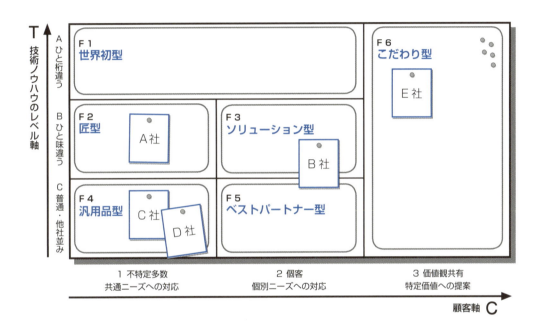

✔ セルフチェック

「競合他社が進めている「顧客価値」の選択と集中は？」

□ 競合他社はどのプラットフォームで頑張ろうとしているのだろうか？

□ 競合他社と自社との「顧客から見た価値」の違いとその深さは？

□ 同じプラットフォームでトップになれるか？

□ 異なる業界の同じプラットフォームで元気な企業を参考にできないだろうか？

11 「顧客から見た価値」の旗印を共有しているか？

あれもこれもでなく、「顧客から見た価値」を選択共有して、
集中し、徹することができれば顧客に選んでもらえる

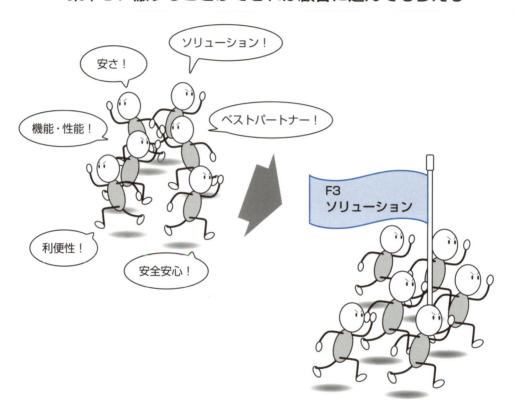

✓ セルフチェック

"思い"の共有化ができているか？

☐ 「顧客から見た価値」やプラットフォームについて共通認識を持っているだろうか？

☐ 掲げる旗印としての「顧客から見た価値」を改めて決め、共有しなければ座礁からの脱出は無理ではないか？

☐ チームのメンバーの「思い」、「意思」をポジショニングして確かめる必要があるのでは？

A 「顧客価値」視点 まとめ

1 事業の定義は
　　C：顧客
　　F：顧客価値
　　T：技術ノウハウ

2 競争の厳しい、弱肉強食のダーウィンの海で生きるためには、F（なぜ、顧客は他社でなく当社を選ぶか）が明確でなければならない

3 Fは大きく分類すると6種類ある
　　F1：世界初型
　　F2：匠型
　　F3：ソリューション型
　　F4：汎用品型
　　F5：ベストパートナー型
　　F6：こだわり型

4 世界の優良企業はFの選択と集中を進めている

5 座礁している新規事業のFを再定義することで、リスタートが可能になる

6 Fの旗印を新規事業のメンバーと共有することで高収益化がスピードアップする

言視舎刊行の水島温夫の本

わが社の「つまらん！」を変える本①
中期経営計画が「つまらん！」
戦略的な"動き"はどこに消えた？

水島温夫 著
978-4-905369-96-7
四六判並製　定価933円＋税

わが社の中期経営計画はつまらん！　勝てる気がしない！　ではどうする？　進化・変化のスピードで世界の競合に勝つ！　そのためには、ビジネスモデルなどの"形"ではなく"動き"のメンジメントを簡略化することが必要だ。この本が"動き"を中軸にした「中計」づくりを教えます。経営企画部必読！

わが社の「つまらん！」を変える本②
社内研修が「つまらん！」
"集団力"はどこへ消えた？

水島温夫 著
978-4-905369-84-4
四六判並製　定価1000円＋税

個人を強化するだけでは企業は強くならない。この本が「集団力」を育成する社内研修の方法を教えます。「集団力で世界に勝つ」「四つの集団力を高める」「事業の増収増益に直結させる」ほか、人材開発部必読！

「ニ」族と「ヲ」族で、世界がわかる！
日本企業が世界で逆襲するための事業戦略

水島温夫 著
978-4-86565-059-4
四六判並製　定価1500円＋税

「ニ」族企業＝相手に自分を合わせる。「ヲ」族企業＝相手を自分に合わせる。「ニ」族と「ヲ」族という視点で日本企業の繁栄と停滞を理解し日本企業の「第3ラウンド」にどう勝つか？　世界で勝つための10の戦略フレームを提案。

「事業性」視点
事業として成立する条件を満たしているだろうか？
ほんとうに、まちがいなく儲かるのだろうか？

12 つくれるか、売れるか、儲かるか？
13 「十分条件」発想をしているか？
14 事業の必要条件ばかりを羅列していないか？
15 ブレないゴールを設定しているか？
16 「顧客価値」視点と「事業性」視点を重ね合わせているか？
17 グローバルでオンリーワンを実現できるか？
18 グローバルで実質的業界標準をとれるか？
19 先取りソリューション提案をイージーオーダー方式に徹しているか？
20 安さ、便利さ、安心のいずれかで突出したビジネスモデルがつくれるか？
21 世界をリードする企業のベストパートナーとなれるか？
22 そのカテゴリーでトップ・ブランドをつくれるか？
23 市場シェア目標を見誤っていないか？
24 "動き"先にありきの新規事業開発ができているか？
25 チームの昆虫化ができているか？
26 ゴールに至るルートが見えているか？
27 事業性を"胆識"化できているか？
「事業性」視点　まとめ

12 つくれるか、売れるか、儲かるか？

ここがポイント！
事業性とは：V ＞ P ＞ C であること

ビジネスが成立するためには、
つくれて、売れて、儲からなければならない

V：Value　顧客価値
P：Price　価格
C：Cost　コスト

1. つくれるか（V＞C）：
   あるコストでそれ以上の価値を実現できる
2. 売れるか（V＞P）：
   価格以上の顧客価値を実現できる
3. 儲かるか（P＞C）：
   コスト以上の価格設定ができる

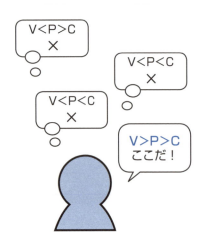

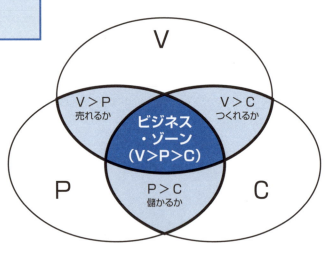

新規事業が事業性のあるビジネス・ゾーンに位置しているかチェックしてみる

✔ セルフチェック

ビジネス・ゾーンに入っているか？

☐ コスト（C）以上の顧客が認める価値（V）があるか？

☐ 価格（P）以上の顧客が認める価値（V）があるか？

☐ コスト（C）以上の価格（P）設定ができているか？

☐ 全体として、当該新規事業はビジネス・ゾーン（V＞P＞C が成立するゾーン）に入っているか？

13 「十分条件」発想をしているか？

新規事業はトライアンドエラーの継続が生命線である。事業性について確信がなければ、迷いが生じてトライアンドエラーは継続しない。

👉 ここがポイント！
事業性に確信を持つためには、「十分条件」発想が必須である。

「十分条件」発想

A→B（AならばB）
BはAであるための必要条件
AはBであるための十分条件

Aであれば、絶対に間違いなく事業として成立する

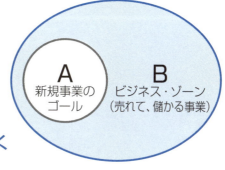

A 新規事業のゴール
B ビジネス・ゾーン（売れて、儲かる事業）

◆ 新規事業を軌道に乗せる過程は絶えざるトライアンドエラーの連続である
　トライアンドエラーが止まった時に新規事業開発は失敗する

◆ 粘り強くトライアンドエラーを続けるには、「ここに到達できれば絶対に間違いなくビジネスとして成立する」という確信が必要
　十分条件とは、これであればビジネス・ゾーン(売れて儲かる事業)に間違いなく入るという保証である

✓ セルフチェック

十分条件で新規事業を進めているか？

☐ 新規事業のゴールがビジネス・ゾーンの十分条件になっているか？

☐ 手詰まり状態の原因は事業性について確信がないことではないか？

☐ 新規事業開発のメンバーはその事業性について、本当に腹落ちしているだろうか？

☐ 必要条件と十分条件の混乱はないか？

14 事業の必要条件ばかりを羅列していないか？

あれも必要、これも必要という必要条件の列挙はそれ自体間違っていないが、それでは前に進まない

ここがポイント！
新規事業のゴールを十分条件として示さないと議論と行動が始動しない

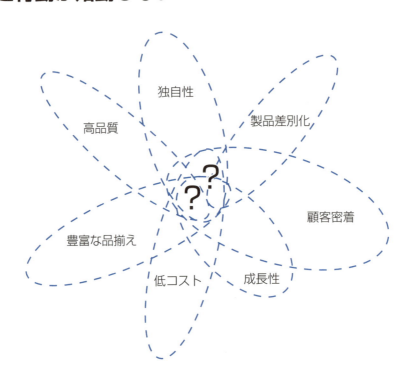

✓セルフチェック

事業性のための必要条件、十分条件は整理できているか？

□ 今進めている新規事業のコンセプトは十分条件としてビジネス・ゾーンに入るだろうか？

□ 事業企画を再点検して、必要条件と十分条件に分けて整理、議論すべきではないか？

□ 事業の必要条件ばかり論じていないか？

15 ブレないゴールを設定しているか？

◆ 当事者達が目指すべき、そして彼らが腹落ちする具体的なゴールを設定することでトライアンドエラーの動きが加速する

◆ そのゴールはビジネス・ゾーンに入るための**十分条件**でなければならない

（十分条件≒腹落ちすること → 行動につながる）

これさえやれば
ここまで到達できれば
ビジネス・ゾーンに入り、事業が必ず儲かるという
具体的なゴールの状況を描く

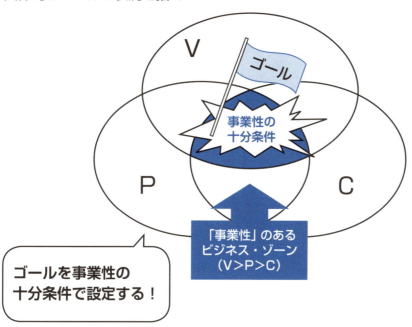

ゴールを事業性の
十分条件で設定する！

✔ セルフチェック

儲かる十分条件がゴールとして設定されているか？

☐ 当該新規事業の「事業性」（＝儲かる）ための十分条件は何か？

☐ それをわかりやすくゴールとしてメンバー間で共有できているか？

☐ ブレないゴールとして設定ができているか？

16 「顧客価値」視点と「事業性」視点を重ね合わせているか？

ここがポイント！

前章の戦略ビジネスプラットフォームごとに、ブレないゴール（≒十分条件）がある

「顧客から見た価値」が異なれば、その事業の儲け方も大きく異なる。そこで、「顧客価値」視点と「事業性」視点を重ね合わせることで、売れて、儲かるビジネスの十分条件を整理することができる

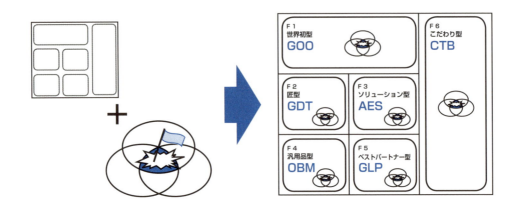

F1～F6のそれぞれのプラットフォームごとに
事業性のある新規事業のブレないゴール（十分条件）がある

F1:GOO(Global Only One)	世界でオンリーワンを実現できれば
F2:GDT(Global De-facto Top)	世界の実質的業界標準をとれれば
F3:AES(Active Easy-order Solution)	先取りイージーオーダー・ソリューションに徹すれば
F4:OBM(Outstanding Business Model)	突出したビジネスモデルを構築できれば
F5:GLP(Global Leading Partner))	グローバル・リーディング企業のベストパートナーになれれば
F6:CTB(Category Top Brands)	カテゴリートップのブランドづくりができれば

以下、F1～F6のそれぞれについて詳しく掘り下げてみよう

✔ セルフチェック

プラットフォームの定石と一致しているか？

☐ 本当に、当該新規事業は儲かる気がするか？

☐ 「顧客価値」視点と「事業性」視点を重ねて考えているか？

☐ 当該新規事業が位置する戦略ビジネスプラットフォームと「事業性」がリンクしているか？

17 グローバルでオンリーワンを実現できるか？（F１）

世界初型のブレないゴールは
①グローバル（Global）市場で
②オンリーワン（Only One）を確立すること。
以下、その頭文字をとって **GOO** と呼ぶ

F１
世界初型のゴールは GOO（Global Only One）

世界初型で売れて儲かるためには、GOO であれば十分
（他にも答えはあるかも知れないが、少なくとも GOO であれば高収益事業として成立する）

顧客価値（V）
GOO であれば、そのカテゴリーでオンリーワン、他に選択肢がないので売れる

価格（P）
競争相手が不在のため、コスト以上の価格設定が可能

コスト（C）
そのコストでオンリーワンの価値を実現できるのは当社だけ

✔ セルフチェック

GOO をゴールとして共有しているか？

☐ ダントツの技術、ノウハウの優位性を継続できるか？

☐ 世界初型の事業展開には超強力なリーダーシップ、または幸運がないと継続できないが、突き進む覚悟があるか？

☐ 次のオンリーワン製品、サービスが見えているか？

18 グローバルで実質的業界標準をとれるか？（F２）

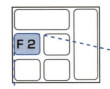

匠型のブレないゴールは差別化された製品・サービスを開発し、
①**グローバル市場で**
②**実質的な業界標準（デファクト・スタンダード）となる**
③**限られた分野でもよいからトップシェアをとること。**
以下、その頭文字をとって **GDT** と呼ぶ

F２
匠型のゴールは GDT（Global De-facto Top）

匠型で売れて儲かるためには、GDTであれば十分
(他にも答えはあるかも知れないが、少なくともGDTをとれば高収益事業として成立する)

顧客価値（V）
GDTということでスペックインされ、売れる

価格（P）
GDTをとることでプライスリーダーとなり、儲けることができる

コスト（C）
GDTをとることで、自社仕様を標準仕様とすることができ、
他社よりコストづくりにおいて優位にたてる

✓セルフチェック

GDTをゴールとして共有しているか？

☐ 製品・サービス開発の目標を GDT（グローバル・デファクト・トップ）に絞っているか？

☐ 当社製品が○○インサイドと呼ばれるようになるか？

☐ 機能・性能での優位性を維持できるか？　汎用品化してしまわないか？

19 先取りソリューション提案をイージーオーダー方式に徹しているか？（F3）

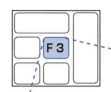

ソリューション型のブレないゴールは
①先取り（受け身でなくアクティブ）で
②フルオーダーメイドでなくイージーオーダー受注に徹した
③問題解決（ソリューション）ビジネスをつくること。
以下、その頭文字を並べて **AES** と呼ぶ

F3
ソリューション型のゴールは AES（Active Easy-order Solution）

ソリューション型で売れて儲かるためには、AESに徹すれば十分
(他にも答えはあるかも知れないが、少なくともAESに徹すれば高収益事業として成立する)

顧客価値（V）
他社以上の価値ある提案（先取り提案）の質と量で売れる

価格（P）
顧客との知識情報の差（顧客より「知っている」ということ）を価格に転嫁して儲ける

コスト（C）
徹底したイージーオーダー化で低コストを実現し、リピート性も確保する

✔セルフチェック

AES をゴールとして共有しているか？
☐ 先取り提案型になっているか？

☐ 個人ベースではなく、組織として共有化された提案になっていないか？

☐ 同一顧客または同一仕様のリピート受注に徹しているか？

☐ フルオーダーでなくイージーオーダー化を実現できているか？

20 安さ、便利さ、安心のいずれかで突出したビジネスモデルがつくれるか？（F4）

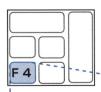

汎用品型のブレないゴールは
①**安さ**、または②**便利さ**、あるいは③**安心**という3つの価値で、どれかを突出させた（outstandingな）ビジネスモデルをつくること。あるいは、3つの価値を組み合わせて、中身が差別化されていない製品・サービスから利益をくみ上げるビジネスモデルを構築する。以下、**OBM**と呼ぶ

F4
汎用品型のゴールは OBM (Outstanding Business Model)

汎用品型で売れて儲かるためには、OBMであれば十分
(他にも答えはあるかも知れないが、少なくともOBMをつくれば高収益事業として成立する)

顧客価値（V）
OBMで他社以上の「安さ」「便利さ」「安心」のいずれかを提供

価格（P）
OBMによる他社以上の「便利」「安心」価値による価格競争回避

コスト（C）
OBMを構築することで、規模あるいは顧客密度を他社以上に高めることができ、コスト優位を実現

✅ **セルフチェック**

OBMをゴールとして共有しているか？

☐「安さ」、「利便」、「安心」のどれに突出したビジネスモデルになっているのか？

☐仕組みの差が模倣された場合の、次の一手は？

☐コストづくりのための規模、顧客密度は十分か？

21 世界をリードする企業のベストパートナーとなれるか？（F5）

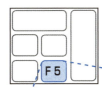

ベストパートナー型のブレないゴールは、
①グローバルで対象とする業界の
②リーダー企業のベストパートナーとなること
頭文字を並べて **GLP**：Global Leader Partner と呼ぶ。
4番手、5番手あたりの企業に密着しても事業性は乏しい

F5
ベストパートナー型のゴールは GLP（Global Leader Partner）

ベストパートナー型で売れて儲かるためには、
GLC（Global Leader Company）からみてベストパートナーとなれば十分
（他にも答えはあるかも知れないが、少なくともGLPであれば高収益事業として成立する）

顧客価値（V）
貴社ファーストを貫き、構築された絶対的な信頼関係、運命共同体という価値

価格（P）
共存共栄できる価格で取引できるので安定的に儲かる

コスト（C）
コスト競争ではなく、顧客価値を実現するためのコストという姿勢

✓ セルフチェック

GLP をゴールとして共有しているか？

☐ 顧客にとってのベストパートナーか。片思いのベストパートナーとなっていないか？

☐ 業界4位、5位の顧客企業を相手にしていないか？

☐ 運命共同体の関係と体制が構築されているか？

22 そのカテゴリーでトップ・ブランドをつくれるか？（F6）

こだわり型のブレないゴールは
①特定のカテゴリー（Category）分野で②トップ（Top）の
③ブランド（Brand）をつくること。
まず、カテゴリーを絞りそこに集中すること。ユニークさを主張したブランドとして、不変の主張・個性を発信しつづけ、その時代性（ハイテク、ハイタッチ技術等）を組み込むこと。以下、**CTB** と呼ぶ

F6
こだわり型のゴールは CTB（Category TOP Brand）

こだわり型で売れて儲かるためには、CTBであれば十分
(他にも答えはあるかも知れないが、少なくともCTBであれば高収益事業として成立する)

顧客価値（V）
ユニークな主張で、価値観を共有する顧客に売れる

価格（P）
ブランドに価値がありプライスレス（お金で買えないほどの価値）、
高めの価格設定が可能で儲けることができる

コスト（C）
GTBであれば、コストを大きく上回るプライス設定が可能である

✔セルフチェック

CTB をゴールとして共有しているか？

☐ **カテゴリーの選択と集中ができているか？**

☐ **伝統と時代性を両立させた個性、主張になっているか？**

☐ **顧客への発信量が同じカテゴリー競合他社以上か？**

23 市場シェア目標を見誤っていないか？

必ずしも市場シェアを高めれば事業は成功するというわけではない。
市場シェア至上主義は事業性を失わせることもある。

ここがポイント！
F1〜F6のプラットフォームごとに目標とすべき市場シェアは大きく異なる

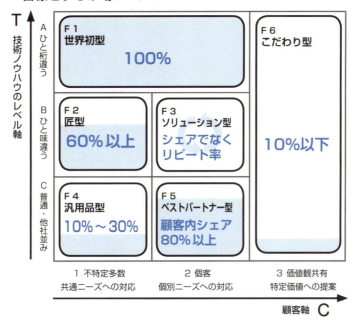

＜目標とする市場シェア＞

	1 不特定多数 共通ニーズへの対応	2 個客 個別ニーズへの対応	3 価値観共有 特定価値への提案
A ひと桁違う	F1 世界初型 100%		F6 こだわり型 10%以下
B ひと味違う	F2 匠型 60%以上	F3 ソリューション型 シェアでなくリピート率	
C 普通・他社並み	F4 汎用品型 10%〜30%	F5 ベストパートナー型 顧客内シェア80%以上	

T：技術ノウハウのレベル軸
C：顧客軸

✔セルフチェック

達成目標としての市場シェアは適切か？

☐ シェアは高いほど良いと思っていないか？

☐ 当該新規事業の目標シェアは何％か？

☐ 製品ライフサイクルとシェアの関係を考えているか？

24　"動き"先にありきの新規事業開発ができているか？

目標としての事業の"形"を決めようとするのではなく、
事業の「十分条件」を満足するための"動き"（ゴールに至るトライアンドエラーの行動）が重要。
**不確定要素の多い状況の中で、必要なのは目標としての"形"ではなく、
事業の十分条件と、そこに至るトライアンドエラーの行動。
事業の"形"は後からついてくる。**

"形"先にありきの新規事業開発

ビジネス・モデル＝"形"
事業の青写真の実現に沿ったマネジメント

明確なビジネスモデル

市場調査、競合他社分析など膨大な調査、分析からビジネスの"形"を決める

"形"の共有化、"形"のマネジメント

"動き"先にありきの新規事業開発

「顧客価値」と「事業性」を重ねた十分条件

仮説検証、トライアンドエラーの繰り返しの中から"形"が決まる

行動モデル＝"動き"
ゴールに至る"動き"の定石に沿ったマネジメント

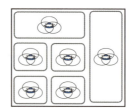

「十分条件」の共有化、"動き"のマネジメント

✓セルフチェック

"動き"の共有化ができているか？

☐ 調査分析先行で事業の"形"づくりに時間をかけすぎていないか？

☐ 行き詰まっている原因は先に事業の"形"をつくってしまい、試行錯誤の幅と動きを制限し過ぎたためではないか？

☐ あるいは逆に、行動モデルを共有せず、360度のトライアンドエラーで"動き"が拡散し過ぎたためではないか？

25 チームの昆虫化ができているか？

試行錯誤を繰り返して新規事業を事業化するためには
昆虫型行動が有効

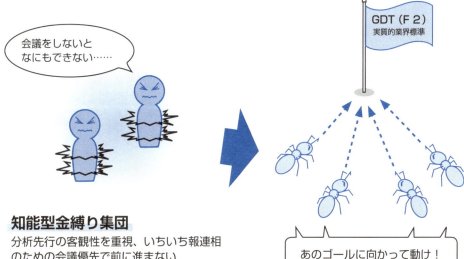

知能型金縛り集団
分析先行の客観性を重視、いちいち報連相のための会議優先で前に進まない

昆虫型行動集団
単純なゴール、ルートを"胆識"共有した、
行動優先のクイックなトライアンドエラー

昆虫型チーム
◇高速反射行動
◇"胆識"共有化されたゴールに至るルートに沿った、行動の選択と集中がなされている
◇越えなければならないゲート（関門）で"胆識"共有化されたトライアンドエラー行動を繰り返して突破
◇その場その場で臨機応変にしかし、ルートから外れることなく試行錯誤で突破

✔ セルフチェック

昆虫型行動集団になっているか？

□ 何かあるとその都度メンバーを集めて会議をしていないか？

□ 考えてから行動ではなく、行動してから考えているか？

□ "動き"の選択と集中ができているか？

26 ゴールに至るルートが見えているか？

**ゴールに至るルートも
共有化されなければならない**

ゴールに至るまでに越えるべきゲートを明らかにせよ！

絶対に越えなければならないゲート（関門）
GDT（F２）の例
ゲート①　技術の"売り"をつくる
ゲート②　顧客業のリーダー企業への提案
ゲート③　リーダー企業への納品、採用
ゲート④　迅速なグローバル水平展開
　↓
GDTの実現

✓ **セルフチェック**

ゴールに至るルートを共有できているか？

☐ 自分たちのブレないゴールに至る主要なゲート（関門）が明示されているか？

☐ それぞれのゲートをクリヤーするためのトライアンドエラーの動きをイメージできるか？

☐ そのトライアンドエラーのやり方もゴールと同様にメンバーが"胆識"共有しているか？

27 事業性を"胆識"化できているか？

真に納得、腹落ちした内容が"胆識"である
その"胆識"のみが仮説検証行動、あるいは
トライアンドエラー行動の継続を保証する

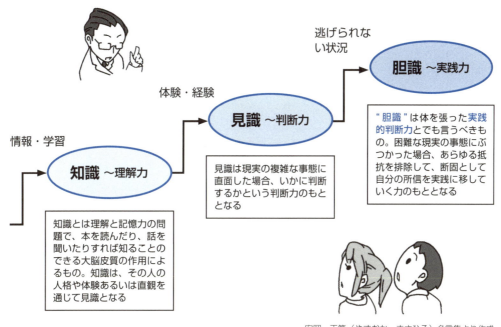

安岡　正篤（やすおか　まさひろ）名言集より作成

ブレないゴールを組織として、"胆識"のレベルまで上げて、
それを共有しないと動きがフリーズしてしまう
個人ではなく組織集団としての"胆識"化が重要

✔セルフチェック

"胆識"の集団共有ができているか？
☐ブレないゴールを"胆識"としてメンバーで共有できているか？

☐ゴールに対する確信があるか？

☐F1〜F6の6つのブレないゴールのどれを"胆識"として共有すべきか？

B 「事業性」視点　まとめ

1 「事業性」とは、V＞P＞Cであるゾーンに事業を入れること（V：Value 顧客価値、P：Price 価格、C：Cost コスト）

2 「事業性」を十分条件発想で整理することが必要

3 「顧客価値」視点と重ねることで、「事業性」の十分条件は大きく分類すると6種類ある
- F1：世界初型では、GOO(Global Only One：グローバルオンリーワンの実現)
- F2：匠型では、GDT(Global De-facto Top：世界の業界標準をとる)
- F3：ソリューション型では、AES(Active Easy-order Solution：先取り提案型でイージーオーダーに徹すること)
- F4：汎用品型では、OBM(Outstanding Business Model：安さ、便利、安心で突出したビジネスモデルをつくること)
- F5：ベストパートナー型では、GLP(Global Leader Partner：世界のリーダー企業のベストパートナーになること)
- F6：こだわり型では、CTB(Category Top Brand：特定の製品、サービスカテゴリーのトップブランドとなること)

4 「事業性」の十分条件をブレないゴールとして共有する

5 ブレないゴールと、そこに至るルートをメンバーが"胆識"化、共有化する

「グローバル」視点
なぜ、海外の競合会社のほうが元気なのか？
ほんとうに、海外企業に勝てるのだろうか？

28　世界の企業の繁殖領域を認識しているか？
29　大型システム構築力で勝負できるか？
30　高級ブランド力で勝負できるか？
31　規模で勝負できるか？
32　進化変化のスピードで勝負できるか？
33　北部戦線で勝てるか？
34　西部戦線で勝てるか？
35　南部戦線で勝てるか？
36　三重苦であることを前提としているか？
37　攻撃型新規事業を開発しているか？
38　日の丸ルートを考えているか？
「グローバル」視点　まとめ

自社の得意な繁殖領域を認識しているか？

世界の企業の繁殖領域は4種類ある。
自社の得意な繁殖領域で事業展開することが成功の近道

縦軸に製品の量産の程度、横軸に製品の複合度または構成要素の数をとって、
世界の企業の事業分野をプロットすると、大きく4つの事業ゾーンに分かれる

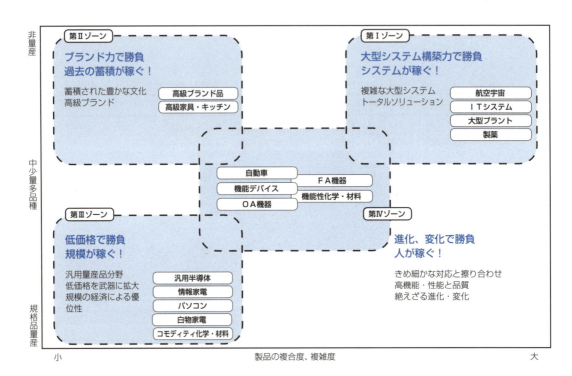

✅ セルフチェック

繁殖領域をどこに定めているか？

☐ **当該新規事業はどのゾーンで頑張ろうとしているのだろうか？**

☐ **自社の既存事業はどのゾーンなのか？**

☐ **既存事業と異なるゾーンの新規事業の場合、大丈夫だろうか？**

29 大型システム構築力で勝負できるか？（第Ⅰゾーン）

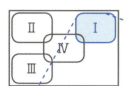

第Ⅰゾーンは欧米企業の存在感が大きい

第Ⅰゾーン ─ 複雑な大型システム構築 トータルソリューションのビジネス領域

ここがポイント！
大型システム構築力で勝負 システムが稼ぐ！

大型システムをつくること、またはシステムを廻すことで大きな利益を挙げている。

第一のゾーンはシステムづくりがポイントで、そのシステムが稼ぐゾーン
航空宇宙、大型プラント、大規模ITシステムなど大型のシステムづくりの能力で勝負が決まる事業領域
大規模なシステム事業は米国がやたら強い
IT系ではグーグルやアマゾン、金融業界ではマスターカードやVISAカードなど
インフラやプラントの大型エンジニアリング分野ではベクテル社などいくらでも挙げることができる

航空宇宙
- ボーイング
- エアバス

ITシステム
- グーグル
- IBM

大型プラント
- ACS(スペイン)
- ベクテル（米国）

製薬
- ロッシュ（スイス）
- ファイザー（米国）

残念ながら、日本企業は第Ⅰゾーンでの存在感は全くない。
中小型システムでは優れているが大型システム作りは下手

✓ セルフチェック

第Ⅰゾーンの事業に手を出すのか？

□ 大型のシステム構築が必要な新規事業にチャレンジできるのか？

□ 国内に顧客・市場を限定すれば海外企業との闘いを避けられるか？

□ 自分たちが大型システム構築づくりの音痴であることを前提として新規事業を考え、進めているか？　第Ⅰゾーンで本当にやれるのか？

30 高級ブランドで勝負できるか？（第Ⅱゾーン）

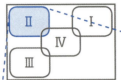

第Ⅱゾーンは欧州企業が圧倒的に強い

第Ⅱゾーン
蓄積された豊かな文化
高級ブランドのビジネス領域

👉 ここがポイント！

高級ブランド力で勝負
過去の蓄積が稼ぐ！

ルネッサンス以降世界の富を蓄積。
その生活の豊かさをベースとしたブランドが稼ぐ

第Ⅱゾーンはブランドが稼ぐゾーン。ヴィトン、アルマーニなど高級ブランドは欧州の強さが目立つ
超高級マンションのシステムキッチンもドイツなど欧州企業が圧倒的強さを誇っている
15世紀のルネッサンス以来蓄積された生活の豊かさが基盤となっている
それらを一つのコンセプト、ブランド・アイデンティティにまとめてビジネス展開することに長けた企業が繁殖している

高級腕時計
・スウォッチグループ
・タグホイヤー

高級ファッショングッズ
・シャネル
・フェラガモ

高級スポーツ用品
・ヘリーハンセン

高級システムキッチン
・ジーマチック

日本は明治以来工業化を進めたが、15世紀以来世界の富が集中した欧州に比べれば豊かさの歴史が浅い。残念ながら第Ⅱゾーンでの日本企業の存在感は小さい

✔ セルフチェック

高級ブランドビジネスを立ち上げられるのか？

☐ 欧米の企業に対抗して、高級ブランドをつくることができるだろうか？

☐ 市場をアジア圏に限定するのなら、明治以来のアジアの中の先進国として高級ブランドをつくることができるかもしれない？

☐ 自分たちがブランド音痴であることを前提として新規事業開発を考え、進めているか？

31 規模で勝負できるか？（第Ⅲゾーン）

第Ⅲゾーンは新興国企業が圧倒的に強い

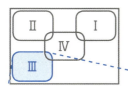

第Ⅲゾーン

汎用量産品のビジネス領域
低価格を武器に拡大
規模の経済による優位性構築

☞ ここがポイント！

低価格で勝負
規模が稼ぐ！

**大規模の利益を追求した
経営トップの大胆な投資の意思決定がポイント**

第Ⅲゾーンは規模が稼ぐゾーン。
家電製品、パソコン、携帯電話、汎用メモリー、量産型化学品など、大規模な生産設備や販売拠点への投資がポイントとなる事業領域。
高度成長期に日本企業はこのゾーンで世界を席巻し、大変元気だったが、現在は覇権争いから一歩退いた状況にある。

日本が新興国であった時代は存在感があったが
今日では存在感が失われている
ハイリスクな大規模投資を避ける傾向

汎用半導体
・サムスン

情報家電
・サムスン　・LG
・TCL　　　・ハイセンス

パソコン
・HP
・レノボ

白物家電
・ハイアール

コモディティ　化学・材料
・陝西北元集団
・台湾プラスチック

✓ セルフチェック

規模勝負のビジネスをやれるのか？

☐ 規模勝負を仕掛けるための経営資源を確保できそうか？

☐ 自社で背負うことができるリスクの限度をこえていないか？

☐ 新興国企業の脅威がある中で、国内企業との勝負だけを考えていないか？

32 進化変化のスピードで勝負できるか？（第Ⅳゾーン）

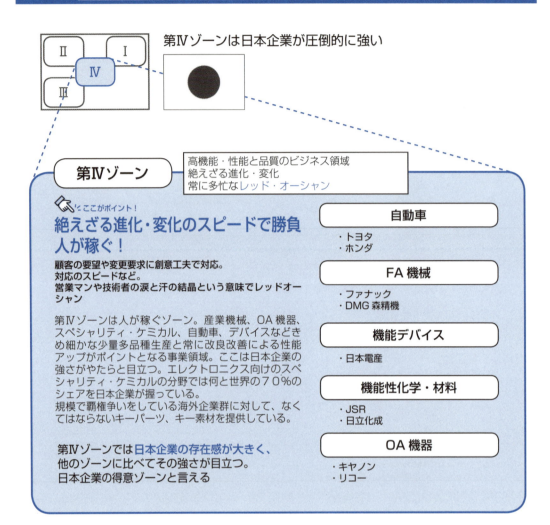

第Ⅳゾーンは日本企業が圧倒的に強い

第Ⅳゾーン
高機能・性能と品質のビジネス領域
絶えざる進化・変化
常に多忙なレッド・オーシャン

ここがポイント！
絶えざる進化・変化のスピードで勝負　人が稼ぐ！

顧客の要望や変更要求に創意工夫で対応。
対応のスピードなど。
営業マンや技術者の涙と汗の結晶という意味でレッドオーシャン

第Ⅳゾーンは人が稼ぐゾーン。産業機械、OA機器、スペシャリティ・ケミカル、自動車、デバイスなどきめ細かな少量多品種生産と常に改良改善による性能アップがポイントとなる事業領域。ここは日本企業の強さがやたらと目立つ。エレクトロニクス向けのスペシャリティ・ケミカルの分野では何と世界の70％のシェアを日本企業が握っている。
規模で覇権争いをしている海外企業群に対して、なくてはならないキーパーツ、キー素材を提供している。

第Ⅳゾーンでは日本企業の存在感が大きく、他のゾーンに比べてその強さが目立つ。
日本企業の得意ゾーンと言える

自動車
・トヨタ
・ホンダ

FA機械
・ファナック
・DMG森精機

機能デバイス
・日本電産

機能性化学・材料
・JSR
・日立化成

OA機器
・キヤノン
・リコー

✓セルフチェック

進化・変化を持続できるか？

☐ 当該新規事業は日本企業が得意とする第Ⅳゾーンか？

☐ 第Ⅳゾーンの生命線である製品・サービスの進化・変化スピードは担保されているか？

☐ 働き方改革が叫ばれる中、従来のレッドオーシャン的なビジネスモデルに代わるものが見えているか？

33　北部戦線で勝てるか？

北部戦線
欧米企業がトータルシステムで被せてくる
- 半導体製造装置…スタンドアロンでは日本企業が強かったがトータルシステムで苦戦
- 水ビジネス………モジュール、機器では日本企業は強いが、トータルシステム・サービスで苦戦
- 情報通信…………デバイスは強いが、大きなITシステムソリューションで攻められる

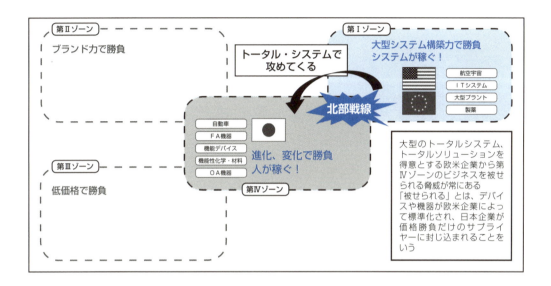

北部戦線は第一のゾーンのシステム構築力にすぐれた欧米企業との戦い。日本企業は単品の部品や、単一の装置ではその機能と性能で世界に負けてはいない。しかし、北部戦線では常に欧米企業からのトータルソリューションによる攻撃にさらされている。
日本企業で機械や装置単体で勝負している企業はほとんど例外なく、常にトータル・システムソリューションを提供する欧米企業からの挑戦を受けているわけで、装置、機械の機能や性能面における進化が鈍化したり、止まったりしたとき、そのビジネスの主導権は第1ゾーンのトータルソリューションの欧米企業に移ってしまう危険性を持っている。

✓セルフチェック

トータルシステム防衛策はできているか？

□ **安易なシステムビジネスになっていないか？**

□ **トータルシステムで海外企業に被せられる危険性はないか？**

□ **中小のシステム構築、システムソリューションなら海外企業と戦えるのではないか？**

34 西部戦線で勝てるか？

西部戦線
高級ブランドとの闘い
・時計ビジネス……機能性能の勝負ではない
・高級ブランド……欧州の豊かさの蓄積に勝てない

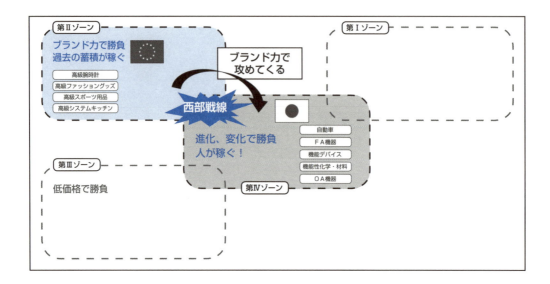

高級ブランドは過去の豊かさの蓄積が勝負を決めるビジネス。残念ながら日本は欧州と比べて豊かな時代の歴史が浅く勝負にならない。今後も欧州企業は高級ブランドとして世界中で有利な展開をする。
日本企業は高級ブランドでは勝てないが、今治の環境に優しいタオル事業、TOTOの清潔なトイレ事業、行き届いた宅配便ビジネス、モバイルゲームなど、**日本の長い歴史に裏付けられた自然を大切にする文化、清潔、きめ細かなサービス、日本独自の漫画文化**などは世界ブランドとして有望。

✔ **セルフチェック**

ブランドビジネスで対抗できるか？

☐ 世界に通用するブランドを構築できるだろうか？

☐ ブランド構築の得意な欧州企業をうまく活用するシナリオができているか？

☐ 高級ブランドはしょせん無理と、はじめから諦めていないか？

35 南部戦線で勝てるか？

南部戦線
規模の戦いを仕掛けられる
・情報家電…………価格、規格
・汎用部品、部材……価格

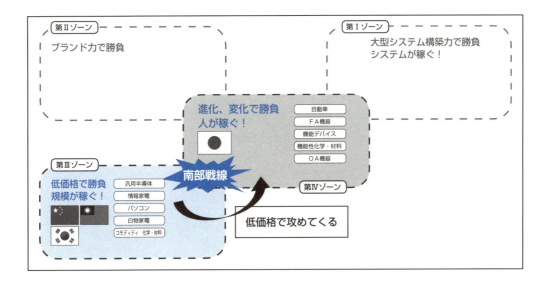

　大量生産、低価格勝負の第Ⅲゾーンのビジネスは、新興市場の拡大とともに、その成長には凄まじいものがある。
　新興国は大規模な設備投資による低価格攻勢をかけてくる。日本企業は厳しい価格競争に押され気味。
　日本企業は低価格ではなく、高品質で勝負しているが、そのシェアは大きく低下している。

✓セルフチェック

規模の勝負をどう克服するか？

□海外企業との規模、価格競争に勝てるか？

□品質重視の国内市場もいずれ低価格の勝負にならないか？

□勝負に負けて買収される前に、新興国企業をうまく利用して事業を継続できないか？

36 三重苦であることを前提としているか？

システム音痴、ブランド音痴、規模音痴という
三重苦を前提とした新規事業開発という覚悟が必要

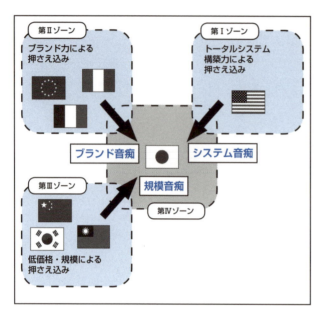
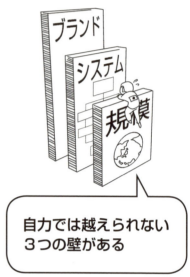

自力では越えられない3つの壁がある

システム音痴：日本企業は真面目で勤勉なシステム音痴集団。海外の大型システム事業を目指してチャレンジするものの、いつも大きな赤字を出して国内回帰をくりかえしてきた

ブランド音痴：高機能、高性能、高品質のものをつくることには世界一の実力がある日本メーカーだが、ブランド、特に高級ブランドづくりは全く苦手

規模音痴　：日本企業は欧米や中国の企業に比べて企業規模が小さい。擦り合わせ型のマネジメントのため、ある一定規模を超えると機能不全に陥ることがその要因

✓ **セルフチェック**

三重苦を認識した事業展開になっているか？

☐ **大型システム事業を安易に考えていないか？**

☐ **ブランドづくりのイメージを持っているか？**

☐ **いずれは規模勝負になるビジネスを指向していないか？**

37 攻撃型新規事業開発をしているか？

新規事業開発・既存事業の展開には**7つの攻め口**がある：攻撃は最大の防御

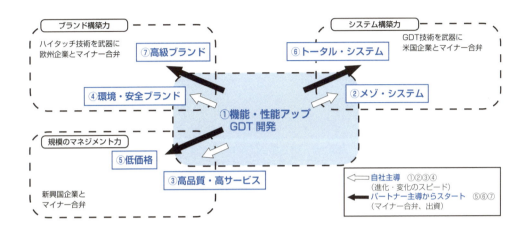

◇コアテクノロジー分野の深堀
　①GDT（グローバル・デファクト・トップ）新製品開発（富士フイルムWV、東レ炭素繊維）

◇自力・自社主導で境界領域に滲み出す（北部、西部、南部戦線）
　②業界標準をとれるメゾ・システム……キーハード・ソフトを核に自律的進化する部分システム（オリンパス内視鏡システム）
　③高品質サービスづくり（コマツのGPS、ヤマハの船外機事業、YKK）
　④安心、環境ブランドづくり（池内タオル）

◇新興国企業を利用・活用
　⑤あえて低価格なボリュームゾーンを攻める（ヤマハ・ホンダの二輪事業、ダイキンと格力電器のマイナー合弁事業）

◇欧米企業を利用・活用
　⑥トータル・システム、トータル・サービス事業への本格参入（DMG森精機……マイナー資本提携からスタート）
　⑦ブランド・マネジメントに長けた欧州企業と連携（東レのアルカンターラ……マイナー合弁からスタート）

✓セルフチェック

境界領域と不得意領域への進出を区別しているか？

☐攻撃型新規事業開発を進めているだろうか？

☐自社主導でやるのか、マイナー合弁で進めるのか？

☐新規事業の展開において、7つの攻め方を全て検討しているだろうか？

38 日の丸ルートを考えているか？

事業のライフサイクルステージ全体を視野に、日本企業が得意な日の丸ルートがある

規格化、標準化で汎用化されたら日本企業は負ける
予め、汎用品ゾーンを回避し、横ニッチゾーンの周辺軌道でしっかり利益を挙げる

● 日の丸ルート：パソコンの例

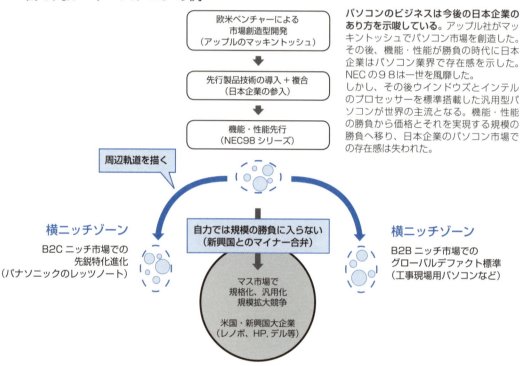

パソコンのビジネスは今後の日本企業のあり方を示唆している。アップル社がマッキントッシュでパソコン市場を創造した。その後、機能・性能が勝負の時代に日本企業はパソコン業界で存在感を示した。NECの９８は一世を風靡した。
しかし、その後ウインドウズとインテルのプロセッサーを標準搭載した汎用型パソコンが世界の主流となる。機能・性能の勝負から価格とそれを実現する規模の勝負へ移り、日本企業のパソコン市場での存在感は失われた。

✔ セルフチェック

事業のライフサイクル全体で考えているか？

☐ 汎用化するまでは稼げるが、その後の展開を考えているか？

☐ 汎用化する直前に、技術を欲しがる新興国企業と合弁会社をつくれないか？

☐ 汎用品は合弁会社に任せて、自分たちは横ニッチ分野で勝負できないか？

C 「グローバル」視点　まとめ

1 世界の企業にはそれぞれ得意な事業ゾーンがある。Ⅰ大型システム構築力、Ⅱ高級ブランド力、Ⅲ規模のマネジメント力　そしてⅣ進化変化のスピードで勝負するゾーンである

2 日本企業は第Ⅳゾーンでの繁殖力が強い

3 新規事業を立ち上げるにあたっては、第Ⅰ～第Ⅲゾーンにいる海外企業との戦いを視野に入れる
　　北部戦線：トータルシステムで被せてくる欧米企業との戦い
　　西部戦線：高級ブランドで攻めてくる欧州企業との戦い
　　南部戦線：規模、低価格で迫ってくる新興国企業との戦い

4 一方、海外企業が得意な第Ⅰ～第Ⅲゾーンへ攻め込む攻撃型新規事業も考えるべきである７つの可能性をチェックしなければならない

5 その際、日本企業は①システム音痴、②ブランド音痴、③規模音痴であることを自覚しなければ失敗する

6 世界の中で日本企業が存在感を出すための勝ちパターンとして、日の丸ルートがある

言視舎刊行の水島温夫の本

わが社の「つまらん！」を変える本③
ＢtoＢ営業が「つまらん！」
勝ちパターンの行動モデルはこれだ

水島温夫 著
978-4-86565-000-6
四六判並製　定価1000円+税

「売る力」「儲ける力」が衰退している！新しいビジネスモデルが必要だ！　ではどうする？　キーワードは、アクティブ・ソリューションとリベニュー・マネジメント。でも、これだけでは足りない。ビジネスモデル＋行動モデルのセットではじめて勝ちパターンになる！　「売る力」「儲ける力」を組織に浸透させるノウハウを凝縮。

わが社の「つまらん！」を変える本④
新事業開発が「つまらん！」
4つの壁を突破する戦略はこれだ！

水島温夫 著
978-4-905369-84-4
四六判並製　定価1000円+税

なぜ、新事業開発は後回しになってしまうのか？　実現を阻む「情報・知識の壁」「事業カルチャーの壁」「自前主義の壁」「意識・自覚の壁」とは何か？　画期的な提案「海外企業とマイナー合弁」！　イラストと図でわかりやすく解説。

ＢtoＢ事業のチェックリスト
図説　ＢtoＢ事業のプライシング戦略
50のチェックリスト

水島温夫 著
978-4-86565-105-8
Ｂ5判並製　定価1200円+税

50のチェックリストですぐに使える！　語られることがなかった《ＢtoＢにおける値付け》を初解説！　いま、なぜプライシング戦略なのか？　汎用品営業が低価格傾向のなかで、消耗戦から抜け出せないでいる。日本企業の風土にあった具体策を提案。

「事業カルチャー」視点
なぜ、思うように展開しないのか？
ほんとうに、いまのやり方で行けるのか？

- 39 擦り合せカルチャと組み合せカルチャーの違いを認識しているか？
- 40 繁殖領域のカルチャー・ギャップを克服できるか？
- 41 「二」族企業であることを自覚しているか？
- 42 地続き性をチェックしているか？
- 43 同質事業展開と異質事業展開に混乱はないか？
- 44 巨大な事業カルチャーの壁を越えられるか？
- 45 社内外との連携、外部経営資源の取り込みは十分か？
- 46 事業部主導なのか本社主導なのか？
- 47 自力展開か他力展開か？
- 48 マイナー合弁を活用しているか？
- 49 今すぐ立ち上げられる新規事業を見落としていないか？
- 50 ガラパゴスになっていないか？

「事業カルチャー」視点　まとめ

39 擦り合せ型カルチャーと組み合せ型カルチャーの違いを認識しているか？

東京大学の藤本隆弘教授が、ものづくりの思想を「擦り合せ型」と「組み合せ型」に大別し、日本は前者、欧米や中国は後者に強みがあると分析している。
これを一つの事業カルチャーとして「顧客価値」視点と重ね合わせることができる。

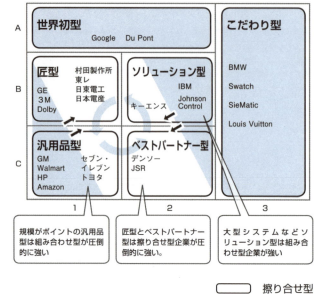

◇世界初型、こだわり型 (ブランドビジネス) は圧倒的に組み合わせ型が得意な欧米企業が優位にある
◇ソリューション型 (システム事業) は組合せ型企業が優位にある日本企業が世界で勝てるのはキーハード・ソフトを核にしたメゾ・システムに限られる
◇勝ちパターンの明確でない日本企業の多くは、擦り合せゾーン (白い部分) の中を行ったり来たりしている
◇組み合せ型は顧客対応が限定的である一方、擦り合せ型はきめ細かく、小回りの利く対応をする
◇進化・変化力では擦り合せ型が有利
◇IoT、インダストリー4.0 は欧米企業における多品種少量生産を容易にし、日本企業が強かった擦り合せゾーンを狭める可能性がある

✔ セルフチェック

擦り合せ型で勝てる事業か？

☐ 自社が擦り合せ型の事業カルチャーであることを自覚しているだろうか？

☐ 擦り合せ型で勝てる事業コンセプトになっているか？

☐ 安易な欧米型で進めようとしていないか？

繁殖領域のカルチャー・ギャップを克服できるか？

繁殖領域の図に「擦り合せ」と「組み合せ」の事業カルチャーを重ね合わせると、その違いが明確になる。

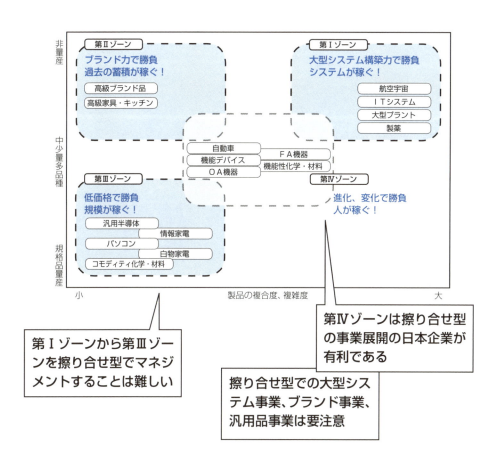

✓セルフチェック

カルチャーの壁を越えられるか？

□ 日本企業の得意な「擦り合せ」ゾーンで展開できるだろうか？

□ 「組み合せ」ゾーンに進出する場合、そのカルチャー・ギャップを克服する手段を計画に組み込んでいるだろうか？

□ 境界領域に擦り合せ型で滲み出すのがベストではないだろうか？

41 「ニ」族企業であることを自覚しているか？

日本企業は相手に合わせる DNA を持っている

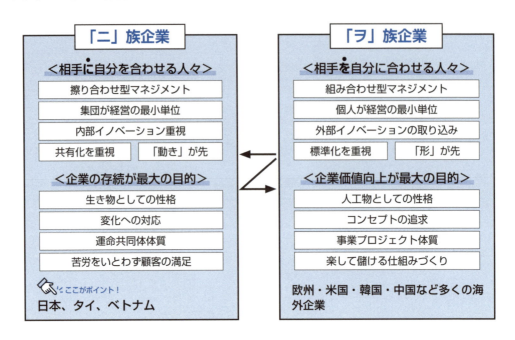

◇世界の国々の企業を分類すると大きく2種類に分かれる。相手に自分を合わせる「ニ」族企業と相手を自分に合わせる「ヲ」族企業である。
◇日本企業は「ニ」族企業である。タイやベトナムも同様である。欧米諸国、中国をはじめ、世界のほとんどの国の企業は「ヲ」族企業である。
◇「ヲ」族企業は常に自分達の基準や文化の枠組みを相手に押し付けようとする。覇権争いに勝ち、自分達の枠組みに相手を組み込む。

◇「ニ」族企業は相手の枠組みに合わせることを常としている。従って、自らの明確な枠組みを持たないし、その主義主張に固執しない。
◇だから、戦略志向が弱い。「ヲ」族企業の経営戦略や事業戦略の本を読んで理解はするが、その通り戦略的に徹底して戦うことはない。
◇「ニ」族企業は、気がつくと、いつの間にか相手との協調路線を走っている。

✓ セルフチェック

「ニ」族と「ヲ」族の違いを認識しているか？

□欧米諸国の「ヲ」族のために書かれた経営書をそのまま鵜呑みにしていないか？

□当該新規事業が「ニ」族企業にマッチしているか？

□カルチャーの異なる「ヲ」族との安易な提携、合弁を進めようとしていないか？

42 地続き性をチェックしているか？

CFTで地続き性をチェックする

①顧客・市場の地続き性
　既存顧客に関する知識・情報を活用

②技術の地続き性
　既存技術ノウハウを活用

③顧客価値の地続き性＝事業カルチャーの地続き性
　既存事業と同様な顧客価値の作り方、やり方で新分野に展開
　同じようなやり方（同質的な事業カルチャー）で展開

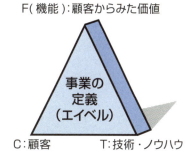

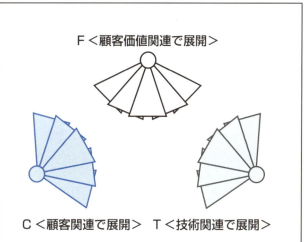

＜事業カルチャーの地続き性の例＞
例えば、スリーエム社では「きれいに剥がせる」という顧客価値を地続きとしたポストイット（付箋）事業、バスや電車に貼る広告用フィルム事業、歩道のマーク事業などを展開して成功している。さらに、事業カルチャーの地続き性で良いことは、新事業群が同じ戦略ビジネスのプラットフォームの上に乗っかるわけで、事業の勝ちパターンが拡散することなく選択と集中がなされた事業運営を可能にする。

✓セルフチェック

地続き性を検討しているか？

☐当該新規事業は同質展開をしているのか？

☐それとも、異質展開をしようとしているのか？

☐異質展開の場合、チームメンバーはついていけるだろうか？

43 同質事業展開と異質事業展開に混乱はないか？

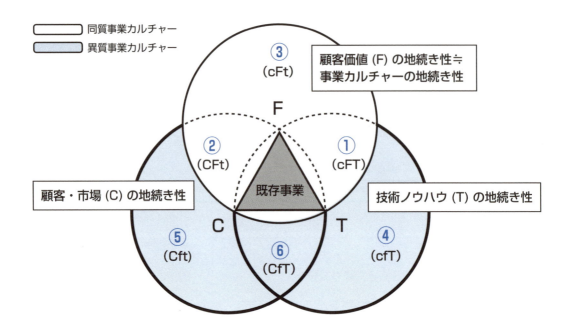

同質事業カルチャーの新規事業
①新市場開拓（cFT）
②新技術（CFt）
③新技術導入＋新市場開拓（cFt）

異質事業カルチャーの新規事業
④新市場＋新たな事業カルチャー（cfT）
⑤新技術＋新たな事業カルチャー（Cft）
⑥新たな事業カルチャー（CfT）

✔セルフチェック

地続き性をポジショニングしているか？

☐ 新規事業の鉄則は：①成長・変化市場であること、②独自性があること、③地続き性があることだが、③の地続き性についてしっかり整理されているか？

☐ 当該新規事業は6種類の中のどのパターンの地続き性なのか？

☐ 同質事業カルチャーの新規事業なのか異質事業カルチャーなのか？

44 巨大な事業カルチャーの壁を越えられるか？

顧客・市場 (C) や技術 (T) が地続きであっても、
多くの新規事業が企画倒れ、撤退、塩漬け、小粒、立ち枯れる一方、
顧客価値 (F) が地続きである同質事業カルチャーの新規事業の成功の確率は高い
同質事業と異質事業の間に、事業カルチャーの厚く、高い壁が存在する

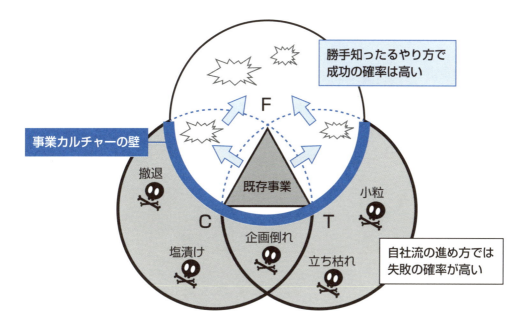

◇同質事業カルチャーの新事業開発は成功しやすい
◇異質事業カルチャーの新事業開発の多くは失敗する（立ち枯れ）
◇失敗しなくても、極めて限られた範囲で小さく固まっている（小粒）
◇新事業開発の定石は、同質事業カルチャーの新事業を徹底的に進めること

事業カルチャーの壁を甘く見てはいけない！

✓ セルフチェック

事業カルチャーを安易に考えていないか？

□ **挫折・閉塞の原因は事業カルチャーに起因しているのではないか？**

□ **安易な提携、M&A、合弁で新規事業が漂流していないだろうか？**

□ **異質カルチャーの新規事業を進める場合は、それなりの覚悟と戦略・手段を持って立ち上げているだろうか？**

45　社内外との連携、外部経営資源の取り込みは十分か？

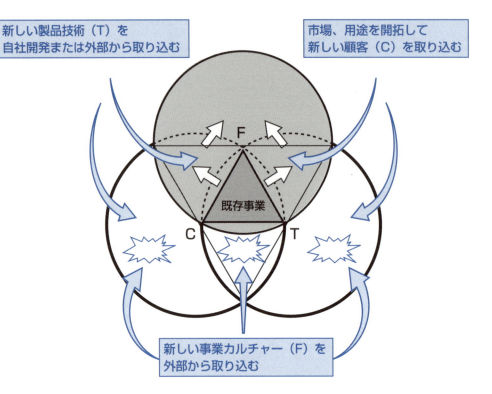

◇自社に欠落している技術や市場に関する知見の取り込みは比較的容易である。
◇もう一つの事業の要である事業カルチャーの取り込みは容易ではない。
◇それ以前に、重要なことは当該新規事業が異質な事業カルチャーのもとで展開しなければ勝てないと気づくことである。
◇新規事業と自社の事業カルチャーのミスマッチが新規事業の立ち上げを困難にしている。

✔セルフチェック

異質な事業カルチャーを取り込めるのか？

☐ 当該新規事業を立ち上げて、大きく展開するために異質の事業カルチャーを取り込むことが必要かどうか？

☐ 必要と感じながらも、とりあえず大きく体制を変えることなく自前主義で進めていないか？

☐ どのようにしたら、異質の事業カルチャーを当該新規事業に取り込むことができるのだろうか？

46 事業部主導なのか本社主導なのか？

同質事業カルチャーの新規事業は事業部主導がよい（滲み出し型）
異質事業カルチャーの新規事業は本社主導がよい（カルチャーの飛び地）

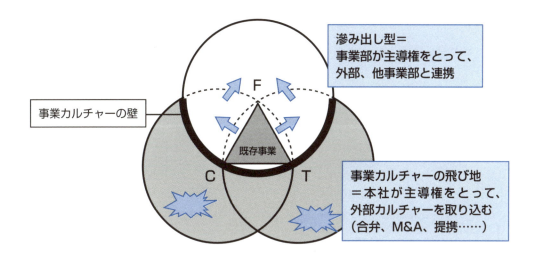

事業部門が主導すべき同質事業カルチャーの新規事業
①既存事業にはライフサイクルがあり、現在の事業はいずれ衰退する。事業部の存続のための新規事業開発
②既存事業の周辺には成長分野に関連した多くの事業機会が存在している
③事業部門の「勝手知ったるやり方」で立ち上げられる新規事業も多い

本社が主導すべき異質事業カルチャーの新規事業
①自社の事業構造を変える新規事業の開発
②大きな可能性があるが、自社とは異なる異質事業カルチャーの取り込みが必要
③本社が主導し、主に外部の企業、外部の経営資源を活用して新規事業を開発する

✔セルフチェック

事業部と本社の役割と責任は明確か？

□事業部が自律的成長、進化・変化し続けるために事業部自身が主導的に同質新規事業を開発すべきと認識しているか？

□事業カルチャーの異なる新規事業については本社が主導し、外部企業を活用して新たなカルチャーを取り込んでいるか？

□誰が、自社、自部門の新規事業開発の戦略づくりと実施責任を担っているのか？

47 自力展開か他力展開か？

異質事業カルチャーの壁と不足している知見の壁を
どのように超えるのか？

（自力他力マトリックス）

（パートナー主導型）他力展開

II 既存事業の海外展開
mCP と mJV 型

その地域のやり方を知っている海外現地企業を活用して拡大まず、現地企業とのmCP、mJVで主導権をパートナーに渡したグローバル展開

III 異質カルチャーの新規事業
mJV 型

異分野企業、現地企業を活用した事業展開
異業種企業、現地企業とのmJVで主導権をパートナーに渡した新規事業開発

技術・市場知見の壁

事業カルチャー・体質の壁

I 強い同質カルチャーで本業の拡大・深耕
M&A と BP 型

独資・M&A、MCPで自社が主導権をとった国内とグローバルでの事業展開

IV 同質カルチャーの新規事業
M&A と BP 型

異業種のM&Aで製品・技術を獲得し自社が主導権をとった新規事業開発
BP型で新たな市場で新規事業開発（提案型共同開発）

（自社主導型）自力展開

既存事業の展開　　　新規事業開発

- M&A：吸収合併
- MCP：買収
- mJV：マイナー合弁事業
- mCP：マイナー資本参加
- BP：ベスト・パートナー型展開

mJV、mCPのメリットは：
① 比較的低リスクで
② 早期立ち上げと
③ 対象事業の内側からの情報収集

I 自力で本業の拡大・深耕
- ◇ 一般的な国内同業他社買収
- ◇ トヨタのように、独資での海外進出し、強い自社流（カルチャー）に染める
- ◇ 東レがユニクロとBPで新製品開発

II 既存事業の海外展開
- ◇ ダイキンと格力電器（エアコンのmJV）
- ◇ マルチ・スズキ・インディア（軽自動車のmJV）

◇ DMG 森精機（工作機械のmJV → M&A）

III 異質カルチャーの新規事業開発
- ◇ 戸田工業がBASFとmJV（電池正極）
- ◇ ZNP34%、DeNA66%ロボットタクシー
- ◇ ヤマト49%、仏Neopost51%（宅配ロッカー）

IV 同質カルチャーの新規事業
- ◇ 日本電産がコパル電子をM&A
- ◇ 一般的な共同新規事業開発

✓ セルフチェック

自力か他力活用か？

☐ 本業（既存事業）の拡大・深耕の方法と新規事業の立ち上げの方法の同異を整理できているか？

☐ 異質カルチャーの新規事業を早期に、低リスクで立ち上げるためのマイナー合弁（mJV）を活用しているか？

☐ 新規事業を立ち上げるメンバーの中に、あるいは上司にマイナー合弁による起業のスペシャリストはいるだろうか？

48　マイナー合弁を活用できているか？

マイナー合弁を実施できる人材が必要

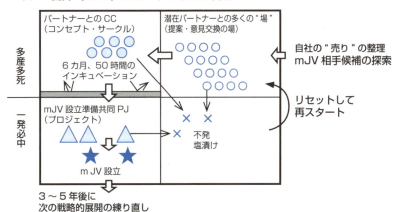
マイナー合弁（mJV）のポートフォリオ管理

マイナー合弁による新規事業開発の進め方

Ⅰ：構想ステージ
　◇主導権をとらせてもよさそうなパートナー企業の選定（業界No.1から攻める）
　◇そのパートナーを前提にし、かつ成長・地続きだが、異質の事業カルチャーの事業の事業構想を立てる

Ⅱ：パートナー探索ステージ
　◇自社の強み、"売り"を組み込んだ事業企画（たたき台のたたき台程度の完成度）をパートナー候補に提案……
　　複数のパートナー候補との「場」

Ⅲ：マイナー合弁の企画ステージ
　◇先方が興味を示したら、先方との事業コンセプトの詰めを進める（コンセプトサークル群）
　◇双方で、魅力的な事業企画ができるまでつづける……最長6か月

Ⅳ：立ち上げプロジェクトステージ
　◇双方から事業立ち上げ（合弁事業会社設立）にむけてのプロジェクトを発足（ヒト・予算）
　◇合弁事業会社の設立準備

Ⅴ：マイナー合弁事業の操業と人材育成
　◇パートナーに主導権を持たせた運営。エース1人を含む人材を出して、事業の立ち上げと事業ノウハウの吸収
　◇3〜5年後のネクスト・ステージの戦略を常に頭に置いて行動

✔セルフチェック

低リスクなマイナー合弁方式を検討しているか？

☐ 本社の新規事業統括部門ではマイナー合弁のポートフォリオをつくっているだろうか？

☐ マイナー合弁を実施することで、現在の挫折、座礁状況から脱出できないだろうか？

☐ 今後の新規事業のためにも、今からマイナー合弁ポートフォリオで、魅力的ではあるが難しい異質事業カルチャーの新規事業の可能性を広げる必要はないのか？

49 今すぐ立ち上げられる新規事業を見落としていないか？

短期的に立ち上げることができる大きな新規事業群が周辺に沢山ある

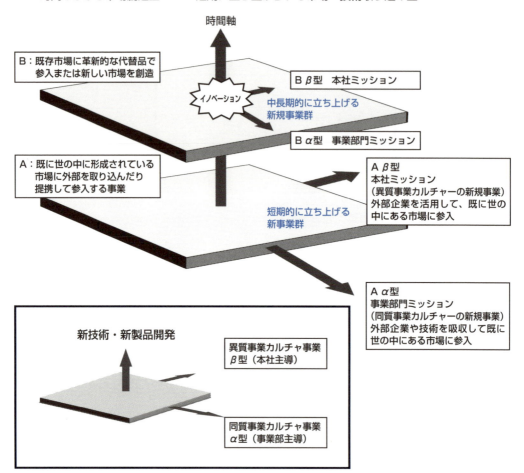

✅ セルフチェック

新規事業を時間軸で整理しているか？

☐ 市場創造型のため、時間がかかりすぎて開発プロジェクトが漂流していないか？

☐ まず短期的に、市場・技術を外部から取り込んで、次に中長期的な差別化（進化変化）を狙うほうがよいのではないか？

☐ 全体的にみて、技術イノベーションに頼った市場創造型のテーマばかりを指向していないか？

50　ガラパゴスになっていないか？

ガラパゴス化に陥る"とりあえず"ルート

| 海外は言葉の問題もあり面倒くさい。自信がない。 | 海外は統計データが整備されていないが、とりあえず、国内では市場データと業界情報がとれる |

とりあえず、身近なメンバーだけで事業企画をスタートする

| 世界で勝つシナリオをつくるべきだが、それはそれとして、とりあえず国内市場からスタート | 外資系企業の場合は海外本社ではなくとりあえず国内担当の日本支社にコンタクトする |

とりあえず、プロジェクトが社内でオーソライズされる

| 事業性を考えたシナリオに沿って提携などを進めるのではなく、とりあえず目の前の相手と進める | グローバルの業界リーダーではなく、とりあえず安易で手短な国内企業1社に提案する |

国内相手先企業の意思決定のスピードが遅く、ダラダラとプロジェクトが続く

とりあえず、小さな国内向のガラパゴス事業として立ち上げ

気がつけば
ガラパゴス！

✔ セルフチェック

"とりあえず"で進めていないか？

☐ 世界を相手に大きく考えているだろうか (Think Big!)？

☐ 手短で安易な周辺の仲間、相手でとりあえず進めていないか？

☐ 保守的で意思決定の遅い日本企業を相手にしていないか？

☐ 海外での使用シーン、事業展開のイメージが湧くだろうか？

☐ 海外企業、新興国市場を目で見て、肌で感じているだろうか？

D 「事業カルチャー」視点 まとめ

1. 日本企業は擦り合せ型の事業カルチャーを持っている。諸外国の組み合せ型とは大きく異なる

2. これからの新規事業開発は、「擦り合せ型」と「組み合せ型」の両方を使い分けなければならない

3. いま、進めている新規事業が、既存事業と同じ「同質事業カルチャー」で進めるべきか、それとは逆に「異質事業カルチャー」で進めるべきなのかをしっかり見極めなければならない。

4. 「異質事業カルチャー」の新規事業では、「異質の壁」を越えなければならない。自前主義に陥ることなく、外部の新しい事業カルチャーを取り込まなければならない

5. 未体験ゾーンとしての「異質事業カルチャー」の新規事業開発では、マイナー合弁（mJV）が有効な手段である

6. 企業存続のための異質事業カルチャーの新規事業開発は本社、事業部存続のための同質新規事業は事業部長責任とするのがよい

7. 新規事業というと中長期的に立ち上げるケースが多いが、今すぐ立ち上げることができる新規事業の種も周辺に沢山転がっている。